JN409912

거리에
꽃 피어라!

거리에
꽃 피어라!

홍영철 시집

하나로선
사상과문학사

| 두 번째 시집을 내며…

내 고향 낙동강!
일천삼백리길
굽이굽이 돌아 흘러
김해 가야국 수로왕릉
정기 받은 철새들의 낙원…
중학 2년 시절
아버님 모시고 부산 사상역
갈대 우거진 강길 걸어
통통배 타고
강 건너 오일장 가든
꿈 많은 소년
은평구 연신내 로데오거리
하얀 머리
달고나 장수되어
세월에 그리움만 남았습니다.
첫 시집 발표한 지
벌써 열세 달 갔습니다.
삼십여 편 발표하지 못한

옛 시와 새로이 쓴
졸 시 함께 엮었습니다.
여러분들의 이해와 격려
가르침을 바라며
열심히 살아가겠습니다.
살아오면서 수많은 만남과 이별
작은 성공과 많은 실패 속에서
고뇌하고 원망도 했지만
지금 여러분이 있기에
외롭지 않습니다.
그리고 사회를 위해선
한 것이라곤 군 복무 밖에
없는 소인이 되니
부끄럽습니다.
하지만 나의 갈 길
묵묵히 인내하며
항상 고맙습니다!

2016年 이른 여름에…

| 차례

제1부
"노상에 꽃 피어라"

제2부
"이런 사람 찾습니다"

제3부
“신자유시대 삶”

제4부
"촛불"

제1부
"노상에 꽃 피어라"

서시序詩

존경하는 박영률
시인 목사님
뵙고 돌아가는 길
전철 옆 좌석
한 중년 여성
문자 대화중인지
만지작거리며
웃고 있어
살짝 깨물고
싶은 충동감 생기고
울고 있는 여자
등 쓸어 토닥여주고 싶고
화내는 여자
정말 무서워 화내지 마세요

"왜 사느냐 하면
웃지요" 하는 말
사람은 웃기 위해
갑질 하지 않고
더불어 먹고
혼자, 쪈보다 소중한
황금색 똥 싸는
시원한 땜 산다

고로 아무리 잘 먹어도
똥 안 싸면 죽는다

성미다리

노오란 개나리
하얀 사쿠라
달고나 앵두꽃 피는데
내 좋은 가족이랑
봄꽃놀이 가자만,
쩐 없어
불행한 삶을 사는
서울의 노숙자들이여
월드컵 성미다리로 와라
여기서 우리 진탕
이 술 마시게나
안주 없어도 좋다!
그냥 취하면 되는거다
꽃들이 웃고
소슬한 바람 불잖아
진짜 잘난 빌딩 숲을 나와
자연 접하러
성미구름 다리로 와라
샛강물 흐르는데
모닥불 피워
물고기 뛰어 오르려는 놈
구워 먹고
함성을 질러보자

서산지는 햇님도
구름다리에 걸쳐
붉은 술 마셔
얼굴이 빨갛다
서울의 노숙자는
새벽 찬란한 햇님
만날 수가 없지만
어둠속 찾아오는
배고픈 반쪽 달님은
반가이 맞이합니다
하늘이시여
서울의 노숙자
하늘아래 바보라
배신 사기 버림받음에
거룩한 생명 지키기 위해
고행하는 자임을
빠알간 서산 햇님께
여쭈어봅니다

오늘은 살아있다

대가리 굴리는 소리
우둥탕탕!

세종대왕 글 배운 사람
못 알아보는 글
판치고,
잘난놈 세상

로댕 두 다리 딛고
내 팬티 어디 갔냐

신라 미륵보살
한 다리 걸치고
폼 잡다
식량 땜 침묵…

하나의 펜
움직이기 위해
알아서 콧구멍
펌프질하는가?

하늘이 복준
꿀꿀이

식욕=생명
고뇌하는 이 밤이여…

“내일은 살아있지 않는다 하더라도
오늘은 이렇게 살아 있는 것이다”

* 헷세 밤의 감정에서… 졸시에 감히 빌립니다

진관사 능소화3

어느 유명시인
기차를 타고
선운사 똥간 가서
울고 오라하니
조금 이름 있는 시인
동백꽃 떨어져
눈에 밟힌다고
가지 말라 했다가
"꽃 떨어지듯
툭 마음 내리고"
선운사 이제 가라가네
달고나 시인
기차 탈 쩐 없고
보고 싶은 동백꽃
볼 수 없을 때
깡통을 차며
터벅 걸어서
삼경에 비구니 진관사
능소화 피고
따라 울어주는
천년 계곡 산천山川
가슴 속
깊이깊이 담아오라

노상에 꽃 피어라

아~눈물이 나도록
끝없는 우주
하늘이 쨍!
쪼개지듯 푸른 에메랄드 빛 이 땅
노점상 살고
노숙자 없는 나라 없습니다

무에타이* 천년 왕국
아시아 유일
식민지 지배 받지 않은 나라
철길따라 노점상
세계 최고 관광

도둑질 해온 커피
뜨겁게 마시고
휘몰아치는 눈보라속
독사의 혀같이
살아야 하는데
꿀꿀한 행동 연약한 마음

국가세금 내지 않는
장사한다 말아요
삶 속에 세금이 있고

더불어 살아갑니다

십자가 지신
주님은 부자였나요
노상에서 살았나요
노상에 꽃 피어야
대답이 되지요?

*무에타이 : 태국 킥복싱

홍제동 노점에서

손님은 하나 없고
차만 쌩쌩

쌀쌀한 가을밤
바람만 왔다갔다

삶은
하루하루씩 간다

하나님은 계시는지

하늘에서
머리 위로

툭!
노오란 은행 떨어졌다

벼락 맞은 대추나무

사람이 살아가는 동안
죄를 지으면 벌을 받는다
그 벌 중에서 천벌 받은게
제일 무서워한다
천벌 받는 것은 벼락 맞아
죽는걸 말하기도 한다
그런데 요즘 세상
벼락 맞고 천벌 받은 대추나무
좋은 것이라 판다
하기야 로또 당첨률 800만분의 일보다
높은 벼락 맞는 확률 1000만분의 일이니
천벌 받을 벼락도
숫자 놀음에 귀한 분이 되는 세상
벼락 맞은 지팡이도 좋다고 한다
주기만 하는 식물
벼락 맞으면 행운이고
욕심에 배통통 먹고도
배고픈 노숙자 베풀줄 모르고
쌓기만 하는 인간이 맞으면 천벌인가?

하늘 난다고 까불지마라

참새 한 마리
하늘 난다고
대로 차도에서 천방지축 까불다
달려오는 작은 승용차와 박치기
정신 잃고 차도에 떨어졌습니다
많은 차가 지나갔지만
아슬아슬합니다
얼마 후 깨어나
그 자리 어영부영 헤매고
순간 아찔
순간 아찔
그러나 뒷바퀴 크고
두 개씩 달린 육중한 트럭 달려와
순식간 납작 떡
짹 소리도 못하고
영원히 가버렸습니다.
그러니까
까불지 말라고 했는데…

신자유시대 쩐 세상

여우가 캥캥캥
늑대가 우~ 우~
꼬맹이 식은땀
서낭당 고개 넘든
머언 옛적은 가고,
백발 날리는 이제
여우도 죽이고
늑대도 죽이고
그 무서운 호랑이
다 죽인
으아악
으아악!
귀신보다 무서운
인간의 비명…
땅 밑 기차 다니는 세상
귀신도 울고 가는
신자유시대 쩐 세상…

하늘의 왕자 독수리가 되어서…

첫 눈오는
그 빛깔옷!

즐겨 입는 배달민족
천지의 푸른 물
한 모금 물어다
남쪽 머언 바다
날아 날아서…

신의 분노로 폭발한 곳
독새끼 먼저냐?
암탉이 먼저냐?

물 없는
용암산에 뿌리고
루시퍼가 쫓겨간
파란 하늘에
하얀 뭉게구름
벗 삼아 날고 싶다

임진왜란 왜놈
을사조약 쪽발이
지네 땅 우기는 우리들의 고향

생명의 빛
태양 뜨는 한반도
눈동자까지 날아가
하이얗고 흰,
똥 한 무더기 누고

석굴암 천년왕국
비운의 태자.
지팡이 천년 살아온
나뭇가지 끝에,
울었다!
쉬었다!
가는곳…

일만이천봉 계곡
선녀 훔쳐보고,
이무기 승천 못한
강물 위 지나
쩐밖에 모르는
재벌들 골통 위
검은 똥 갈겨주고

이제는 검은 강에 빠지면
예수의 여자들보다
나중에 건지고 싶다!

서민들 혈세에 이빨만 치고
일 않고 쌕쌕기 날아
폼잡는 잡배들
골통위에도
진짜! 검은 똥 갈기고 싶다.

*독새끼:달걀을 말하는 제주도 방언

인정 없는 x아줌마

가을 귀뚜라미처럼
밤에 잠못자
초등학교 장사 열흘이나 안가
쩐은 바닥났고
재미없는 TV는 엿 먹어라
행여나 쩐을 줏을거다
고시원 나와 이슬 마시는데
애기 엄마 생각나
거울을 보니 꿈 많은 청년
가고 없고 아! 노인네가
거울 속에서 쳐다봐
허망한 마음에
로데오 노점 칠순할매
보러갔지만 장사가 안되어
쩐 버는 재미없어 전부 안나와
발길 돌려 가는 길
45년 전 울 엄마 이불 가게 앞
가정집 그대로 있어
세월 속 옛터는 변함없고
곱창집 이쁜 아줌마 집에 가고
파전 아줌마 역시 집에 갔다
그런데 진짜 냉혈한 계집
내 방황할 때 기천만원 쓴

불쌍한 도우미 일하는
x아줌마 편이 아닌
돈에 눈멀어 기천원짜리
시집 한 권 안 팔아주며
인상쓰고 술 취해 헤매는
가난한 사내들 편을 뜯고
죽음의 수용소에서
탈출한 빠삐용처럼
A X 같은년!
난, 아직 살아있다

재벌과 노점상

재벌들은 그 많은 쩐
모자라서 모으고,
또 모으지만

노점상인 난,
노후를 위해
진짜 필요하지만
모으지 않는다
쓰기 바쁘다
없어서 못쓴다

새끼 교육비
이혼한 마누라 용돈

하루하루씩
반주삼아
식당 저녁밥
낙에 산다

갑질 위세에
폼 잡는 재벌보다
나 자신에게 스스로
성공한 삶이라 여긴다

어렵고 힘든…
밑바닥 인생이지만

끝까지 살아가는
민초들의 마음이며
하늘의 뜻인 것이다

술과 시인

시인들은 하늘과
대화하기 위해
술하고 살아간다

개성 선죽교
일편단심 시인충신
자객에 붉은 피 흘리며
푸르른 하늘 갔고

나그네길 봄바람에 흥이 나서
술먹고 쩐 다쓴 것
부끄러워 말고 새로 지은 시
주머니 가득 채웠다 했다

5대 괴짜 중 천상병 시인
이 땅에 소풍와서
나 하늘나라 돌아가리라
진탕 먹고 갔다

5공 군사독재 비판
고문 후유증에
무명 박정만 시인

소주 하루≒6병 3달간
500병 쳐죽이고
1년 3권 시집 발표

고향 갔다와서
진짜 똥 싸다
하얀 변기 위해서
파아란 하늘 갔지만

하늘은 말이 없다!

그러나
소낙비오고,
이슬비도 내립니다

연신내 노점 왕고참

단군 할아버지 이후
이 땅을 차지하면
부흥하는 북한산!

진흥왕, 장수왕
백운대 정기 흘러
원효봉 돌아
삼각산 아래
신라 요석공주 아들
설총 공부한 진관사 계곡

이조 오백년
세상 불만 많은 이
독바위골 모여서
산적질 했다

초등학 시절
족제비 암탉 물어가든
연신내 상류

울엄마 한양친구 살든
맑은 산천물
흐르든 독바위골

흰 구름 따라
바람 따라
산적처럼 지나간다
그 이름 번데기 앞에
주름 잡지마라

리어카 끌고
돌아 돌아서,

대통령보다 더 높은
구청 단속반
안무서워 하는
번데기 장수 사나이

한번 여쭤본 말
몇 시까지 해요?
밤새도록 돌아다니지요
여름엔 더워서
안되겠네요?
아니요, 더 잘돼!

삼십수년 연신내
왕고참 번데기장수

자식새끼 다 키우고
마누라랑 단 둘이 사는
80순 보는 영감

하찮은 일로 핸폰 신고

아줌마 도와주다
아!
아구 돌리고 싶다
정말 돌리고 싶다
신이라면
진짜 패고 싶다
한 점 사람의 인정
이해심도 없는
바늘로 찔려
피도 안 나와
돈만 나오는 어린 대학 커플인간
남자구두 떡볶이
국물 떨어져
세 번 닦아 주고도…
사나이 장부 비비꼬며 말이 많고
계집애 돈을 요구한다
교육은 죽고,
짭새들은 바쁘게 왔지만
일 없어 그냥 갔다

똥

태양 아래
사람들은 똥을 싼다

산해진미 먹든
꿀꿀이죽을 먹든

잘난 놈이나
못난 놈이나

맛있든
맛이 없든 똥을 싼다

어느 누군들
푸른똥을 싸냐?
흰 똥을 싸냐?

검은 죽음의 똥이요
황금 삶의 똥이다

찜통 더위, 시원하게…
번쩍번쩍
빛나는 똥
감사하며 쌉시다

신자유시대 황금 좋지만
건강의 황금빛
똥 쌀땐
정말 기분 좋습니다

똥2

들개는
산이나 들이나
민가까지 내려와
똥을 싼다

땅위동물
자기 영역이라
오줌까지 싼다

새는
파란 하늘
구름 같은 흰 똥!

바다, 산, 강, 들,
사람사는 도시까지
마음대로 갈겨서…

하얀 머리산 천지
20년전
똥 한 무더기 싸고 왔다

그러나,
남에게

피해주지 않기 위해
천지 변소 볼일 봤다

시詩2

나의 삶!
영혼이며…

밤하늘
반짝반짝 별과,
대화하는 것입니다

그리고
빠알간 태양 뜬
한 대낮!

있지만
보이지 않는…

장님이 제일
보고 싶어하는
밤하늘 별처럼
살아계신
하나님 뜻!

조금씩
조금씩
깨달아가는 것입니다

욕심

아무리 맛있는 음식
무지무지 비싼 음식
귀한 음식 먹어봐야

결과는 똥이다

그런데
사람들은 싸운다
무엇 때문에?

쩐2

우린 언젠간
풀잎 이슬처럼
총총한 밤하늘
배고픈 노란반쪽
달님과 놀다 사라져간다

항상 둥근
태양이 뜨면
쩐 많아 영원히 살 것 같이
사는 사람아!

쩐! 쩐하지마라
쩐 가지고
영혼을 살 수 없나니
목숨과 바꿀 수 없나니

황금빛 달고나

황:황금을 쫓아서 살아왔지만
금:금빛도 소용없다
빛:빛나는 태양 아래선
달:달려라 인생길
고:고난의 여정 극복해서
나:나를 찾아 한 송이 꽃피우자

인생은 건강이 최우선이고
건강과 정신이 최고의 가치이며
보물이다!

달고나 시인

한편 작품을 위해
이슬 마셨다
시詩 창작하는 기분 살아가
절망 속 절벽 위
죽을 목숨 이어져
희망!
삶으로 달려서
인간 밑바닥
달고나 장수
시詩는 생명이란
이빨 같은 말
무시 천대하지 말아요
사람은 밥 먹고
똥 안싸냐?

달고나 장수6

세상에서 멋있는
달고나 장수 정목사님
오늘도 연신내
로데오거리에서
뽑기를 만들고 있다

달고나 수제자
홍관장놈
월드컵 성미다리에서
뽑기는 안 만들고
노란 개나리꽃 취해
파아란 하늘 쳐다봅니다

달고나 장수7

신호등 칼국수 할매
칼국수 칼질하다
아이스케키 먹고
포장마차 인생길 친구
순대 할매 칼질하다
떡볶이 휘휘 젓는다
달고나 뽑기 늙은 총각
멀뚱멀뚱 책을 읽고
먼발치 토스트 할매
떡볶이 맛있게 먹고
철없이 입째진
아가씨 총각 재잘거리고
갈 길 바쁜
아줌마 아저씨 거리

달고나 장수8

바이러스 메르스에
파리조차 졸고
개아미도 놀아
갈 곳 없을땐
겐조에서 이슬 마신다
그래도 만날 친구 없어
또 한잔 마신다
인생은 흐른다
이슬도 흐르고
세월 또한 흐르지만
이 생명 다하는 날까지
어디메에 흐를까요?

달고나 장수9

모든
황금과 쩐을 가지고
달나라
호올로
부귀를 누리는 것보다
연신내 노점에서
달고나 뽑기
장사 하는 것이
나의 행복입니다

달고나 장수10

북한산 자락
은평구 연신내 육번출구
로데오 거리
인생길 누님
구민들에겐
말만하는 정치가보단
삼십수년 한자리 일하는
서민들 눈물, 애한 닦아주고
친구, 말동무
엄마 되어주는
떡볶이 칠순할매

밤길가다 우는 여자
친구 위로받고
떡볶이 같이 먹으며 얘기하며
웃고 있는 내 자식 같은 애

"아프지!
나이가 몇인데…"
공주병 엄살 많은
장로회 권사님
아직도 이쁜
토스트 굽고 약 먹는 칠순 할매

생로병사 인생 먼저 간
하루밤새 심장마비
돌아가신 칼국수 할매 땜
더 술 먹고
캐나다 아들 보러간
기약 없는 칠순 보는 영감

청춘 시절부터 노점상
연신내 최고참
총각시절 보든
동영상 아직도 보는
"인생 그냥 살면 되지
고민은 왜하냐"
말 적은 무언 철학자!
칡 장수 형님

눈 먼 남자 운동부족
배불뚝이 장님
매일 정확히 대여섯번 지나가고

내 우울증 왔을 때
인생 허무하다
죽자 물어볼 때

죽으면 식구들이 고생한다고 한
키 큰 순한 마누라 있는
안경 낀 군고구마 장수 동생

온몸 문신 있는
시비 붙은 고시원 앞 방 건달
"조심해" 말 남기며
달고나 팔아 주고 갔다
건방 위세 부려 나중 생각하니
인생 모두 조심해
살아야 한다는 것…

오늘은 부처님 오신날
짭새들 모여 왔다갔다

낚시회나 산악회나
다 술꾼들이다

인생 뭐냐?

바람부는대로
아집 죽이고
자연처럼 순리대로

물 흐르듯이 더 낮은 곳으로
가자!

달고나 장수11

오늘은 오후 3시 1작 7시까지
장사 잘되는 금요일인데도
개시도 못하고 있는데…

눈먼장님 정확히 앞을 지나
토스트 굽는 가게 찾아간다
올때마다 어묵 조금 먹고
국물 3컵 먹는단다

일주일 한번 갈 때 있고
두 번 갈 때도 있는
어떤 날은 하루 두 번 가는
토스트 할매 단골 장님!

"얼마나
답답할까?" 하는
공주병 이쁜 할매
장님에겐 소중한 사람!

말동무 되어
얘기하는 그 할매
학교 다닐땐
달리기 선수였단다

제2부
"이런 사람 찾습니다"

봄

뻐꾹!
뻐어꾸욱…
노오랗게
찾아오는
개나리꽃

두견새
밤새도록
울어,
피멍진
진달래꽃

개나리
진달래
꽃! 피는데…

솔바람
따라서
님 올까요

비오는 산사山寺에서

날으고 싶다
이른
비오는 산속

하염없이
정처 없이
무한정 떠돌고…

이날엔
청명이
아~그립다

땀 흘리며
피 흘리며
살아야한다

흰 구름

성욕땜 계집 찾아

찐 날려 버림당해

붉은 피 역류하여

하늘아 쳐다보니

흰 구름 두둥실

이 마음 저기 가네…

개아미 놀이터

개아미 수풀세계
하늘향한 수직
잘타고 간다

검은 가시
가시꽃.
찔림도 없이

눈물 흐른 잎사이
독사 이빨 붉은 꽃!
말이 많은데…

벙어리 하늘
흰 뭉게 구름
유유히 흐른다

고향

하이얀
아카시아 꽃!

향기 그리워

난, 고향으로
가리라

뻐꾹새 우는
물 흐르는 산골

찾아,
찾아 가리라

초가집 식사

초가집 굴뚝

하얀 연기!

엄마 된장국…

참새가 짹짹

아침이 즐거웠습니다

서울의 봄

빛이 있음으로
땅이 있었습니다

땅이 있음으로
빛이 생긴 것 아닙니다

강남제비
돌아오지 않아도

서울은 노오란
개나리 꽃 피었습니다

가을

가랑잎 떨어지면
같이
바람에 날고 싶다

그리고

산에 올라
들국화!
한 아름 따다

내 좋은
님의 가슴에
안겨주리라

고추잠자리

맑고 높은
끝없는 하늘

흰 구름
유유히 흐른다

파아란 창공!
빠알간 잠자리

어쩜 그리도
가볍게 날까

그녀 배웅길

봉천동 가는

버스 뒷좌석

그녀, 살며시

기대게 하여

한강다리

불어오는 바람에…

날아가고 말았다

청학동 비빔국수

사람은 태어나 자란
음식풍 좋아하나보다

보리 문둥이 음식
땀나도록
맛있게 먹으니

세상사 즐거웁고
막걸리 한잔!
부귀가 부럽지 않타

*보리문둥이:경상도 사람 말함

이런 사람 찾습니다

괴로울땐 만나주고
외로움 올 때
찾아 주는 사람

가슴 허전할 때
따뜻한 커피
전해주는 사람

하소연 하고 싶을 때
들어주고
피해의식 생각지 않는 사람

싸움

비싼 술 좋게 먹다
싸우는 것은 좋다
싸워라! 싸워
대갈통 터지도록
싸워 싸워라!
플레이 정신
입각하여 싸워라
그러나
남 해코지 말고
자기 자신 속이지도 말자

돈(돌고 돈다)

지폐 돈은 종이다
생명은 그 돈으로 먹는 밥
그래서 생명은 똥이며
종이로 닦는다

쩐 때문
아등바등 살기 싫다
즐거이 먹고 싶다

골통

서민적 분위기 생맥주집
쇠주 걸치며
백낙천 폼 잡고 있는데
왕단골 주도酒道 7단 손님
홀서빙 경상도 누님
WXY 때문
오해가 생겨 한창 다투고
점잔히 똥폼 잡고 있는
나에게 홧김에 하는 말
너도 X 많이 했지 하네
뭐! 나이가 몇인데
조금 했냐 많이 했지 했다
내 건 비싸다
아무데나 안 쓴다고 했다
그랬더니
모든 손님과 주인
그 놈도 조용히 있네

농촌

고향을 가지게 하는 농촌
아주 좋아라
도시보다 더 좋아라
벗과 뛰놀던 들판
연푸른 새싹이 그리워라
바구니 속,
민들레 도라지
고사리 쑥…
가득!
뽐내는 농촌
빼빼하고 시기하는
도시보다 더 좋아라

개소리

북쪽은 하늘
남쪽은 땅
강 또한 바다
하늘빛이다
동쪽은 사내
서쪽은 계집
자유여신상!
세상 최고 상징이니라
하지만,
여신은 없다
남자가 머리되고
여자는 순종해야 했다
요즘은 개가 웃는다

내새끼

이 시대 요즘 사람
존중하지 못해 시비가 붙고
사랑해 하면서도 싸우지요
부처님 자비
예수님 사랑
말로만 그 순간이지요
내새끼!
사랑처럼 생각합시다
아름다운 이 강산
미덥은 사람아
달아 달아
밝은 달아
사람이 됩시다
내일이면 내새끼
생일날이네

요즘 사람

폭폭 찌는 날
덥다 덥다 하지 말고
남의 것 열받게
먹은게 있으면 빼라
그러면 시원한데
열받게 먹고 덥다고 하냐

엄동설한
춥다 추워 하지 말고
사방팔방 뛰어라
뛰다가 못 뛰는 자 있으면
꼬옥! 감싸주라
그럼 따습잖아

이것도 안하면서
덥다 덥다
춥다 추워하니
정말 요즘
내가 바보 아닌가

독박골

이놈 골짝 어디인고
저놈 골짝 어디인가
삼각산 노적봉 노적사 어디메뇨
한강 삼각지 순복음이 어디인가

이년 골짝 어디인고
저년 골짝 어디인가
삼각산 비구니 진관사 어디메뇨
낭만의 황금땅 명동수녀 어디인가

전설에
산적놈 가고,
양아치 판치는 빌딩 숲!

이놈 있고 저놈 있고
이년 있고 저년 있어
짬뽕으로 되었다

*독박골: 은평구 있는 이조시대 산적 소굴이었다 함

천재와 바보

하늘이 주는대로
하루 하루 살면 되는 일
내일 걱정 고민하여
하늘에 도전장 내니 천재

인간사 무시하고
마음 가난한 사람
바보!

파아란 하늘은
천하 진시황제보다
순종하는
바보 좋아합니다

그래서 바보는
복이 있어
마음이 편합니다

제3부
"신자유시대 삶"

야망

야망아 어디 갔냐
돌아와다오
세월따라 흘러갔는가
졸부 세상 싫어 사라졌는가

그래도
이 세상 아직 아름다우니
이 겨울 지나 봄바람이 불어오면
사나이 심장에 돌아와다오

갯벌

오늘은
장봉도 섬에서
비가 오누나

하염없이
바다에도
비가 오누나

갯벌에
나가지 못한
아쉬움이여…

가련하고 가냘픈
하이얀 소녀야,

맺어진 인연
조개들처럼

바닷속 사연
이야기하자!

*장봉도: 인천 앞바다 서해에 있는 큰 섬

사랑

사랑하고 싶습니다
그렇게도 애타는줄
미처 몰랐습니다

만나본 얼마후에도
그렇게 그리울줄도
차마 몰랐습니다

당신!
심장소리
듣고 싶습니다

그 소리는
나의 모든 불안
잠재워줄 수 있으니까요

쩐과 사랑

내 사랑은 변함없지만
당신 웃음 없어진 날
푸른 봄은 지나가고 말았어요

내 사랑은 변함없지만
당신이 외면한 날
소망은 사라지고 말았어요

내 사랑은 변함없지만
쩐 없다는 이유로
버림 받고 말았어요

당신

당신 곁에서
나는 당신 불러 보겠어요
아름다운 마음 우러나오는
목소리 듣고 싶어서요

당신 곁에서
나는 당신 가슴 바라보겠어요
풍성한 가슴
묻히고 싶어서요

당신 곁에서
나는 매혹적인
빨간 입술 바라보겠어요
당신 입술 맞춤하고 싶어서요

당신 곁에서
나는 당신 꼬옥 안고 싶어요
사랑 흘러가지 못하게
하고 싶어서요

신자유시대 삶

식사 즐거웁지요
쇠주 나눔도
다정감 생기지요

똥 오줌
발사 하는 것
매우 시원하지요

글쓰고
책읽는 것도
살려고 하는 일이지요

쩐 많아
욕망 때문
물총 발사

쩐 없어 망가지면
딴 물건 찾고,
쩐이 장땡이다

음지 추위에 태양 기다리며

천지창조 하실 때
태양은 하나만
달도 하나만
밤하늘 은하수
반짝반짝 별들이여…
하였는 세상
남편 둘셋 여편 둘셋
심장은 불필요
또 먹고 교접한다
역사는 그랬고
또 가지만 일편단심
태양과 달은 하나로 왔다
한번 인생길
바꿔 바꿔 또 먹고 잔다
빨간 심장 똥통 쳐박아
천륜이 가고
세월은 닳고 닳아
바다 뜬 태양 바다에 지고
태산 뜬 태양 태산에 지는데
똥통 뜬 심장은
똥간 너머
침묵할 수밖에 없었다
붉은 깃발 따라

무슨짓 하련만
두눈 뜬 장님 먹심장 찔려
벙어리 냉가슴 고통 헤아려
빠알간 장미꽃!
향기가 들면…
붉은 피 거꾸로 솟아낸다
민주 세상 태어나
아버지 하나만
엄마 하나만 밥 먹었다
이데올로기 넘는 잘 배운 쩐!
파래서 넘 파란 하늘 보지 않고
쩐만 챙기는 넘 좋은 물건에
날이 가고
그 물건에 버림 당한
여편네 날이 또 가지만
태양은 침묵에 뜬다
태양이 둘이면
인간은 없다!
태양 하나만 달 하나만
못 이룬 죄
하나님은 용서하실까?

선술집

홀로 이슬 마시고 있으면
누군가 기다려진다
누구?
올까나…

지나간 동짓달
고향산사山寺
부엉이 우는 밤!
그날이 올까나

새

하늘이 나에게 날개를 준다면
한잔 술 마시지 않고
백두산 한라산 높이 날겠어요

하늘이 나에게 날개를 준다면
이름 없는 외로운 새가 되어
금강산 만이천봉 살아가겠어요

하늘이 나에게 날개를 준다면
아무 인적 없는 바람새 되어
흰 구름 벗하며…

들국화

울 엄마 아버지는
내가 어린 시절에
시인이 되라고
꼬들 주먹밥 싸가지고
뒷동산 올랐다
저 곳은 당감화력발전소
저기 흰 두루미
낙동강 하류…
그때
난생 처음 알았다
만발한 들국화
피어 있다는 것

첫 눈오는 창가에서

꽃이여…
하늘 나는 흰 백합꽃이여
빠알간 장미
사랑 찾아
노오란 개나리꽃

기다림 속…
물 한잔 안주는
도시의 사막.

가인의 후예가
떠나간,
검은 발자국만 남아

머언곳
하이얀 산 바라본다

초등학 동창 우정

따뜻한 봄오면
위에 진숙 한잔이네
포근한 봄오면
밑에 순용 한잔이라
한잔 두잔
옆에 선이도 있네
또 한잔 두잔
진이가 함께 가네

산

봄이 오면
산에 가야지

가로수 가지에
초록 잎 트면
마음을 열고서
산에 가야지

봄이 오면
꽃이 핀
산에 가야지

주酒

구름아 날아라

청춘아 날아라

이슬아 날아라

세상은 태백이가…

울고 간다!

사주풀이

명태새끼 노가리 8마리
5 · 2에 늙은 양배추
생맥주 500cc 쇠주1개
친구가 대갈통이면
난 똥창이다
하하하
아무리 잘 쳐먹어도
똥 안싸면 죽는다는 진리
주둥아리 발싸

성북동 출신 불광동 리아카 친구
체어맨 넘버 6918
식스라인 십팔번이
엑쿠스 46버8219
46세에 실업자 8 · 2(파리)
1(일) 9(구)는 사장으로 바꿨다

또 한 친구 법적 내 차량
02로 8862 풀이하면
전화 지역번호 02
서울에서 로우해야 했는데
팔 좋아하는 짱깨에서
팔팔 나가다 육갑 틀었다

알바뛰는 친구공장
노오란 봉고 밥차
서울에서 룰룰 즐겁게
71세 팔팔이사 간단다

물좋고 숲 있는 곳으로…
서울 71루 8824
하하하
인생 운명 있냐?

시인

시인이란
딴게 없다

이슬 마시고
조용히 글쓰면 시인이다!

세상 모두
이슬 마신다

인생은
몸뚱아리 걱정

사랑과 쩐때문…

시원한 코카콜라
왕창 마신다

아 ~ 속이 시원타
시원하게 마시고
시원하게 싸야
속 편하다.

그게 시다.

쩐

있는 놈들은
벌 때 쉽게 많이 벌고
쓸때는 어렵게 쓴다

없는 놈들은
벌 때 어렵게 적게 벌고
쓸 때 쉽게 쓴다

이것은 없는 놈들이
인정이 더 많다는 것이다

복숭아

고향의 동산
과수원 밭
비오는 날이나
안개 심한 날
대낮에 습격하는
개구쟁이 꼬마
날 좋은날
야밤에 기어가는
특공대 꼬마!
꿀같은 그 맛에
무서움도 몰랐었지

맥주잔

맥주의 거품 위에
내가 있구나

조그만 맥주잔속
내가 있구나

너무나도 하이얗고
푹신하구나

이 순간 즐기자
내 인생을…

서장

간밤에 그렇게도
잠이 오지 않았습니다
소월의 시를 찬미하며
지새워야 했습니다
못보고 떠나
섭섭하다 말만 전하고
당신은 떠났습니다
국화꽃 같은 누님
개우내 핀
연푸른 싹
첫 자태에 알았습니다
가을여왕!
총총한 밤하늘
별같은 눈으로
당신을 알았습니다
청초 우아하게
한복이 어울리는 당신
미지 세계로 떠나

이 마음
홀로…
촛불의 눈물입니다

잔인한 4월에…

언제까지 아파하고
괴로워 해야하나
인간과 요즘세상
돈! (돌고돈다)
그래 사람보다 돈이지
너도 돌고 나도 돌고
돌아버리자
오늘도 배가 아프게
눈물이 나왔네요
보험사건!
창자 타버리고 말아
어떻게 살아갈까
돈. 돈. 돈.
글쓰기가 싫습니다
영혼까지
돌면 안되니까요

제4부
“촛불”

촛불

어둠속에 빛이여
소생의 꿈과 같이하소서
절대, 영원하게 유일하신 빛이시여
세상 속에 소금되게 하소서
촛불이여
주님의 뜻이시여
거룩한 빛으로
소생의 마음과
하나되게 하소서

밤 추억거리

애달픈 가슴을 안고
절뚝절뚝 밤길을 걷는다

쓸쓸한 바람속에
옛날 밤길.

학창시절 치기장난대
고향달 그리던…

하얀 사쿠라 꽃 아래
하이얀 소녀가 생각난다

아이스케키

고향의 동네형들
여름방학때
아이스케키하던 소리
정말 좋았다
형들은 어느 하늘아래
살고 있을까?
지금쯤 생각하겠지
그 옛날 국민학생
아이스케키통을…

무궁화꽃

산길을 따라
나무들이 숨쉬는
숲으로 가자
솔솔한 바람불어
참새 재잘거리는 산속길
걸음이 가비얍고,
무서운 독거미 집 있어
멈추고 말아
되돌아갈까
아니지 아니야
쇠똥 무더기
넘고 넘어
뛰어가는 소리에
두눈이 동그랗다
어제있던 송아지
늦잠을 자서
산까치가 소리치고
밤새운 이슬에
무궁화꽃 피었습니다

겐조 호프집

시詩상이 떠오르지
않을때는
겐조 호프집 간다
거기엔
종이 백만불짜리보다
살아 있는 사장님
미소가 있다
신의 마지막 작품
국화꽃이라 했든가?
노오란 국화꽃보단
여성의 미소가
최후의 작품이었습니다

달님에게

파아란 밤 하늘엔
하얀 구름사이로
달님이 울고 있습니다

달님은
아무런 말이 없지만

달님께
마음을 전합니다

세상은 아직,
김치 나누어 먹는
다정한 이웃 있다고요

파란 볼펜 잃고

파란 볼펜 잃어버리고
빨간 볼펜으로 시詩를 씁니다
잃어버린 파란 볼펜처럼
떠나간 정들은 사람들 생각납니다
떠나갈 때 절망속에서
원망 많이 했지만
지금은 그립습니다
생명 없는 물건조차
이리 아쉬운데
한때는 소중했던 사람들
용서하고 싶지만
님은 떠나고 없습니다

죽음

비행기 추락사 600만분의 일
로또 당첨 확률 800만분의 일
벼락 맞아 죽을 확률 1000만분의 일

사람이 죽을 확률 100의 100이니,
죽음…
두려워 말자!

말소리

햇볕이 쨍쨍
새롭게 단장한 연천공원
시원한 나무 밑에서
종일 새가 소리친다
새소리는 정답기만 하는데
웬 사람들 떠드는 소리
짜증이 난다
그래서 하나님
사람은 떠들지 말라고
한 것인가
조용히 살아라
그게 진리다.

하와이에서 온 긴머리 여자에게

머나먼 하와이에서 온 그대여…
모국땅이 그리도 그리웠든가요
코쟁이 꼬부랑 글씨
말이 지겨웠든가요
철이와 순이가 그리 보고 싶어
이 땅에 왔던가요
엄마 아빠 있는
조국 못 잊어서 찾아왔든가요
오는 인생 가는 세월
하와이 훌라춤입니다

일편단심

비행기타면
하늘
올라가는줄 알았다
그러나
검은 구름 위
흰 뭉게구름
또 하늘 있네
지상에 하늘
울고,
울지만
구름 위 하늘
17년이나
변함없이
넘 파아랗다

꿈에 본 전생

어둠이 스멀스멀
둥둥 북소리…
머리 풀은 수양 버들 우는
하얀 백사장

큰스님 염주 돌리고
작은 스님 반야송독송

이조 오백년 쓴소리 충신
노한 왕의 칼
참수 당하는 현장
노비로 팔려가는 마나님
젖 가슴 울음 쏟아낸다

한 돌중이 있어
아기 살리는 책임 맡아
품에 안고 달렸습니다
딸 아기 향취는
마나님의 분신

한 생명 버릴만큼
사랑에 취해
깊은 산골에

마나님, 애기와
행복하게 살았습니다

당신 생각나서

지나간 사랑 생각마라
난, 그대 떠나도
이 험난한 세상
웃으며 울며
살아왔다오
그러나
당신 진정 사랑했다오
죽는 날까지
당신!
내 가슴속
깊이깊이
담아담아 두겠어요

우린 갑니다

무궁화 꽃잎
알알이 맺힌
이슬처럼…
파아란 하늘!
언젠간 갑니다

엄마 아부지
살아왔든
이 땅을,
떠나갑니다

얼마나 더불어
가슴!
젖어 젖어
살아왔든가

내새끼
내새끼
두고
두고,
무지개빛!
따라갑니다

낙서

성기는 족보쓰는
필기구라고
어느 시인 말하며
함부로 낙서(자위)
하지말자고 했다

그러나 인생은
낙서 속 살아가며
시가 되고
노래가 된다

과연 낙서하지 않는
인생이 존재하는가

그냥 살자

문단지 가을호들고
메모지 왕창
겐조 호프집 가자

쇠주 한잔에
꼬오-끼오 물고
외로워 무엇을 쓰라

그래
삶은 이런거야
그냥 그리 살면 돼

하늘아
자연이 주는 것에
순리대로 살면 돼

쩐때문…
앞날 걱정 더하면
죽을병 걸린다
그냥 살아가자.

인생고수

격투기관장
제자에게 하는 말
“하와를 믿지마라”
“엄마 외는 믿지마라”
했더니,
제자가 하는 말
“저는 엄마도 안믿어요”
“엄마가 저를 버리고 갔어요” 하더라
그래서 관장님
할 말이 없어졌다
하지만, 이런 사람들에겐
엄마를 찾아줘야 한다

연천 초등학생

연천공원
애들소리
마냥 즐겁다

피아노소리
저리가라
생동감 있다

달고나 장수에게
달고나 나눠먹자
주는 꼬맹이

웃는 얼굴
사랑 가득한
천사 있어라

한파는 노점상 휴일

아침에 일어나
창문을 여니

매서운 바람 휭
떠난 님 생각 휭

마음마저
휭휭휭

잠이나 자자
그게 약이다

쩐 없는 노인

겨울비 부슬부슬 오는 밤
젊은 애들은
이슬에 취해
희희닥 거리지만
나이 먹고 패가망신한 이는
오는 인생 가는 세월
아~슬퍼…
울음조차 없다
다 쩐 때문이냐?
내 가는 저승에도
쩐이 있다면
똥간에 헤매는
넋이라도 그냥 있고 싶다

내 가슴에 있는 영혼을 위해…

죽어서 한 푼도
못 가져가는 쩐

앉아서 쩐 달라는
부처와

십자가 서서 쩐 없다는
예수보다

신자유시대
위력 있는 쩐

그러나
진시황 영화 부귀도
태양 아래 허무하다 했다

그래서
밤하늘…
말 없이 보는 것입니다

생로병사 가는 길
똥 누고
흙이 된다

나 이제
저 광야에 가리라

평설

〈평설〉

홍영철 시의 세계

삶의 현장, 거리에서 찾은 시적 감흥 詩的感興과 삶의 철학

박 영 률
(시인 교육학/철학 박사
하나로선 사상과 문학 발행/편집인)

Ⅰ. 들어가면서

홍영철 시인의 “아! 달고나”에 이어 두 번째 시집 “거리에 꽃피어라!”를 읽으면서 너무나 감동을 받았다. 꾸밈이 없고 솔직하게 자신의 삶을 농축해서 시詩로 표현할 수 있다는 사실이 놀랍다.

문학은 언어로 표현되는 예술이다. 문학에는 여러 장르가 있고 그 장르 가운데 가장 농축되고 짧게 표현하는 것이 시이다. 그 짧은 몇 줄의 시 속에 온 우주를 설명하는 재능이 없이는 시인이 될 수가 없다. 소설가의 많은 분량의 수백 수천 페이지 속에 설명하는 내용을 시인은 몇 줄로 표현한다.

홍 시인은 남다른 인생을 살았다. 이미 그의 시집 “아! 달고나”에서 보았듯이 우리나라의 역사의 소용돌이 속에 제대로 학문을 익힌 아버지의 지성과 그의 바른말과 글이 그리고 민주화시대의 소위 민주투사를 가르쳤고 후에는 그를 도왔다는 사실 때문에 온갖 핍박과 고난을 받으며 신문사의 주필에서 물러나 산으로 간 까닭에 수많은 자녀는 세상에 버려질 수밖에 없었다.

요즘 세상에 금수저로 태어나느냐 흙수저로 태어나느냐에 따라 그의 삶이 결정되는 세상에 홍 시인은 금수저는 아니더라도 일제 강점기에 아버지가 일본의 유명대학을 나와 잠시 고등학교에서 교편 생활할 때 자신에게 공부한 사람이 독재시대에 온갖 고초를 당하면서도 몸으로 투쟁한 민주주의 지도급 인사로 활동했고 그를 도왔다는 이유와 신문사의 주필로서 언론인으로 바른말과 글을 쓰면서 활동하다가 직장도 잃고 자녀들 교육마저도 제대로 시킬 수 없어 각자가 알아서 살아가야 하는 현실 속에서 지나간 수십 년의 삶은 고난의 삶이었다. 분명히 흙수저로 태어나지는 않았지만, 군부독재를 비판하며 돕지 않았다는 것이 직장을 잃게 되고 가족들은 각자 흩어져서 아직 어린 나이에 온갖 고난 속에 살아야만 했다고 한다. 그러니 공부인들 제대로 할 형편이 아니었다. 가족계획이란 말이 없었을 때인지라 4남 3녀를 두었는데 홍 시인은 다섯 번째로 이 땅에 태어났다는 것이다. 만약 가족계획이 있었더라면 홍 시인은 이 세상에 태어나지도 못했을 것이다. 7남매가 각자 고생하며 살아갈 수밖에 없었고 성장한 후에는 각자의 가정을 꾸려가는데 정신이 없었을 것으로 생각된다. 홍 시인 자신은 상경하여 신문돌리기, 구두닦기 등을 하면서도 열심히 공부하여 서울고등학교에 입학했으나 그의 현실은 고등학교를 졸업하지 못한 것이다. 머리는 있고 현실은 따라주지 않으니 사회에 대한 불만인들 얼마나 컸을 것인가!

심지어는 고양시 구파발에서 서울 마포 연남동의 중학교까지 걸어서 학교에 다녔다고 하니 그것도 운동하기 위해서가 아니라 교통비가 없었기 때문이란다. 요즘 사람들은 이해가 되지 않겠지만, 필자 자신도 마포 공덕동에서 흑석동에 있는 대학까지 걸어서 등교하고 하교했던 사람으로서 이해가 되는 것이다. 그래도 필자는 대학생으로서 청년의 몸이었지만 홍영철 시인은 중학생이었으니 얼마나 힘이 들었을지가 짐작이 간다. 키도 작달막하고 어린 중학생으로서 공부하고자 하는 의지가 없이는 가능하지도 않았을 것으로 사료된다. 그래도 열심히 공부하여 당시는 아무나 들어갈 수 없는 명문고등학교인 서울고등학교에 입학하여 2학년까지 다녔다고 하니 의지가 없이는 불가능했을 것이다.

나이가 들어가면서 운동에 뜻을 두고 복싱도장에 다니면서 두각을 드러냈고 그의 경력이 말해주듯이 프로복싱 신인왕 대회에 우승을 거두었고 태권도 관장과 이종격투기, 킥복싱 최우수 체육관 상까지 거머 쥐기도 했지만, 점차 세상에 취해 술, 담배, 주먹세계에 방황하게 되는데 세상이 생각처럼 녹녹치가 않았다고 한다. 그것은 돈 없었고 빽 없으니 그를 돕는 사람도 별로 없다 보니 결국에는 방황하게 되고 술에 취하고 세상에 취해 어두운 삶에 빠져들 수밖에 없었다고 한다.

그렇게 헤메던 중 어느 목사님을 만나서 아직도 젊은데 그러지 말고 밑천이 별로 안드는 달고나 장사하면 먹고 살 수 있으니 지금이라도 일하며 바르게 살아가라면서 그 목사님 자신도 달고나를 팔면서 목회한다는 사실을 알고 마음을 다잡았다고 하니 얼마나 감사한 일인가!

그로부터 홍영철 시인은 달고나 노점상을 하면서 어린이들이 좋아하는 달고나 뽑기로 생활을 이어가고 있는 의지의 시인인 것이다. 그러나 때로는 이 세상을 떠나고 싶기도 했지만 그동안 써놓은 시가 있어서 시집이라도 내야겠다는 의지가 강했던 것이다.

필자가 어느 신학교에 대학원장으로 봉사하고 있을 때 제자 전도사의 소개로 홍영철 씨를 알게 되었고 그의 시를 대하게 되었는데 그를 계기로 홍영철 씨가 정식으로 시인으로 등단하게 된 것이다. 귀가 어두워 말로는 의사소통이 어려웠는데 이유인즉 복싱, 이종격투기, 킥복싱을 하면서 고막이 터져 듣기가 불편해진 것이다.

그래서 통화보다는 문자로 의견을 나누며 소통하면서 첫 시집 「아! 달고나」를 낸 지 1년 만에 두 번째 시집 「거리에 꽃 피어라!」를 이 세상에 내놓게 된 것이다. 시집의 제목이 말해주듯이 비록 거리에서 달고나 장사를 하면서도 성실한 삶을 살아가고 있는 왕년의 복싱 신인왕이 이제는 모든 것을 다 내려놓고 오직 시를 쓰기 위해서 이제는 달고나 장사를 하면서 그 자체가 거리 노점이지만 꽃을 피우겠다는 아름다운 의지에 어찌 감동하지 않겠는가!

그래서 「거리에 꽃 피어라!」는 두 번째 시집을 그의 삶의 궤적이 일종의 자서전 같은 아름다운 시편(총 90편)들을 대하게 된다. 이를 4부로 나누어 상제했다.

제1부는 노상에 꽃피어라 외 27편이고 제2부는 "이런 사람 찾습니다" 외 20편, 제3부는 "신자유시대 삶" 외 20편, 제4부는 "촛불" 외 20편으로 짜여져 있다.

Ⅱ. 시 속에 나타나는 시인의 삶과 철학 속에 핀 꽃들

이제 그의 삶이 묻어나는 작품들을 감상해본다.
제1부에는 "노상에 꽃피어라" 외 27편인데 그의 시에서 그의 삶이 묻어나는 시들을 감상해 보도록 하자.

〈시 감상〉

"왜 사느냐 하면
웃지요" 하는 말
사람은 웃기 위해
갑질 하지 않고
더불어 먹고
혼자, 쩐보다 소중한
황금색 똥 싸는
시원한 땜 산다

고로 아무리 잘 먹어도
똥 안싸면 죽는다

– 「서시」부분 –

이 시는 필자를 만나고 돌아가는 지하철에서 스마트폰 문자 대화 중인 한 중년 여성이 웃고 있는데 그 모습을 보면서 쓴 시로서 후반부의 내용이다. 지구촌에 60만 이상이 살고 있다. 그 많은 사람에게 묻는 물음이고 시인 자신의 대답이다.

왜 사느냐 하고 물으면 처음 본 사람일 때 속내를 드러내며 대답하기가 곤란할 것이다. 그러면 화낼 수도 없고 그것은 왜 묻느냐고 묻기도 쉽지 않아, 이럴 때는 그냥 웃을 수밖에 없을 것이다. 그럴 때 시인 자신이 통쾌한 답을 한다.

사람은 웃기 위해, 갑질하지 않고, 더불어 먹고 살아가는 것인데 금전 때문에 사는 것이 아니라 사실은 혼자서 돈보다도 더욱 소중한 황금색 빛깔의 배설물(똥)을 내보내는 시원함 때문에 산다고 하는 시인의 인생철학 또는 세상을 달관한 참 진리를 보게 된다. 그렇기 때문에 아무리 좋은 것으로 잘 먹어도 배설하지 않으면 다시 말해 소화가 안되면 죽는다고 설파한다.

세상 사람들은 돈으로 갑질하고, 그 돈 때문에 부패하고 부정해서 결국 망신 당하는 인격들이 많은 현실에 돈은 움켜잡는 것이 아니라 소화를 잘 시켜야 하는 것이다.

곧 제대로 쓰지 않으려면 돈에 얽매이지 말고 바르게 살아야 한다는 것이다. 시인은 돈에 쪼들리며 돈 때문에 얼마나 많은 고통을 겪었는가! 결국 돈 때문에 아이 엄마도 떠나고 떠난 아내를 생각하면서 아이의 학비며 아내의 병원비며 달고나 장사해서 몇 푼 모을 새도 없이 항상 무일푼의 삶을 살면서도 돈을 초월하는 시인의 폭 넓은 삶은 우리 모두가 배우고 따라야할 진리가 아니겠는가? 그의 짤막한 몇 줄의 언어 속에 상상할 수도 없는 많은 애환과 삶의 질곡이 숨어 있는 것을 시를 통해 표현한 것이다. 바로 시의 맛이요 특징이라 할 것이다.

이제 그의 또 다른 시를 보면

노오란 개나리
하얀 사쿠라
달고나 앵두꽃 피는데
내 좋은 가족이랑
봄꽃놀이 가자만,
쩐 없어
불행한 삶을 사는
서울의 노숙자들이여
월드컵 성미다리로 와라
여기서 우리 진탕
이 술 마시게나
안주 없어도 좋다!
그냥 취하면 되는거다
꽃들이 웃고
소슬한 바람 불잖아
진짜 잘난 빌딩 숲을 나와

자연 접하러
성미구름 다리로 와라
샛강물 흐르는데
모닥불 피워
물고기 뛰어 오르려는 놈
구워 먹고
함성을 질러보자
서산지는 햇님도
구름다리에 걸쳐
붉은 술 마셔
얼굴이 빨갛다
서울의 노숙자는
새벽 찬란한 햇님
만날 수가 없지만
어둠속 찾아오는
배고픈 반쪽 달님은
반가이 맞이합니다
하늘이시여
서울의 노숙자
하늘아래 바보라
배신 사기 버림받음에
거룩한 생명 지키기 위해
고행하는 자임을
빠알간 서산 햇님께
여쭈어봅니다

– 「성미다리」전문 –

에서 보듯이 시인은 수많은 노숙자들에게 성미다리로 오라고 한다. 봄이 되었다고 봄나들이들 간다고 야단들인데 돈이 없는 노숙자들에게 월드컵 성미다리로 초

청하면서 자연에 취하며 샛강물이 흐르는 곳으로 와서 함성이나 지르며 그동안 쌓인 스트레스를 풀자는 것이다. 서산에 지는 해도 구름다리에 걸쳐 얼굴이 빨간 것은 붉은 술을 마셨다며 시적 형상화를 하고 있다.

노숙자는 집이 없거나 있더라도 집을 나와 거리를 방황하며 헤매다가 지하철 통로나 다니면 빌딩의 계단 밑이거나 닥치는대로 자는 사람들이기에 그런 곳에서 뛰쳐나와 자연 속에서 함께 자연을 노래하며 지내자는 것이다. 빌딩숲이나 지하철 복도에서는 아침 찬란한 햇빛을 만나지 못하지만 이곳 성미다리에서 밤을 지새우면서 배고픈 반쪽 달님을 반갑게 맞이하자고 제안한다. 배가 고픈 달은 어떤 달인가? 아마도 시인은 보름달은 배가 부른 달이고, 초승달과 반달은 배가 고픈 달이니 배고픈 사람과 배고픈 달이라야 서로 입장을 이해하고 반길 수 있다는 것이다.

그러면서 그 노숙자들마다 사정이 있을 것인데 억울하고 화난 일이 많을텐데 마지막 서쪽으로 붉은 피를 토해내는 햇님(태양)에게 하소연하자는 것이다. 시인은 자연 속에서야만이 상처받은 인간이 위로를 받을 수 있음을 시사하고 있는 것이다. 그렇다. 시인은 무엇보다도 자연과 벗하며 친해야 한다. 그러니 인간이 만들어놓은 빌딩숲에서 탈출하여 자연 속에서 태양도 보고 달도 보면서 흐르는 냇물가에서 물고기가 노닐고 석양이 빨갛게 물드리는 자연을 보면서 그 자연 속에서 마음 비우며 살자는 것이다. 그러니 서울의 노숙자들은 지하도나 빌딩숲에만 있는 것이 시인의 눈에서는 하늘 아래 바보처럼 보였을 것이다.

시인 자신도 코딱지만한 고시원에 살면서 "달고나 뽑기" 노상 장사로 삶을 살아가면서도 마음의 여유로운 모습은 인생을 달관한 사람이 아니고서는 느낄 수 없는 모습인 것이다.

아~눈물이 나도록
끝없는 우주
하늘이 쨍!
쪼개지듯 푸른 에메랄드 빛 이 땅
노점상 살고
노숙자 없는 나라 없습니다

무에타이 천년 왕국
아시아 유일
식민지 지배 받지 않은 나라
철길따라 노점상
세계 최고 관광

도둑질 해온 커피
뜨겁게 마시고
휘몰아치는 눈보라속
독사의 혀같이
살아야 하는데
꿀꿀한 행동 연약한 마음

국가세금 내지 않는
장사한다 말아요
삶 속에 세금이 있고

더불어 살아갑니다

십자가 지신
주님은 부자였나요
노상에서 살았나요
노상에 꽃 피어야
대답이 되지요?

–「노상에 꽃 피어라」전문 –

오늘은 연신내, 로데오거리, 내일은 성미다리. 그 다음은 초등학교 앞을 전전하면서 "달고나 뽑기" 장사하는데, 세금도 내지 않고 장사하는데 때로는 단속반의 눈을 피해 이리저리 쫓기면서도 결국 장사하는 것은 더불어 살기 위한 어쩔 수 없는 삶이지만, 예수님도 결국은 노숙하셨기에 노상에 꽃 피어야 하지 않겠느냐는 것이다.

노상에서 살아가면서도 남의 것 탐내지 않고 오히려 빌딩숲에 살면서도 부패하고 부정하며 갑질하는 사람보다도 얼마나 당당한 삶인가. 달고나 장사도 장사이기에 단골손님들이 있어 그들 때문에 지금까지 먹고 살았으며 애기할비며 애 엄마 병원비도 충당했는데, 그래서 그분들에게 감사의 표시로 시집을 선물하고 싶다는 홍영철 시인의 마음씨가 비단결보다도 더욱 곱다고 하겠다.

노상에서 비열하지 말고 움츠리지 말고 당당하고 떳떳하게 거리에 꽃피우고 싶은 시인의 마음을 헤아려보니 얼마나 감사한 일인가?

관청안이나, 필링안에서 온갖 비리를 저지르며 갑질하고 자신의 욕심에 눈이 멀어버린 고위직의 사람들이 국민을 개나 돼지로 생각하는 죄악보다도 자유롭게 거리에 꽃피우며 웃음꽃 피우며 당당하게 살아가는 것이야말로 시인의 눈에는 감사하지 않을 수 없는 것이리라.

실비의 시집을 출간하는 것도 돈이 없어서 외상으로 하고 "달고나 뽑기"장사로 한 푼 두 푼 모아 몇 달을 두고 갚아야 하지만 단골손님을 생각하며 그들에게 선물로 시집을 주고 있는 홍영철 시인이야말로 참으로 은혜를 아는 시인이며 그 마음이 얼마나 아름다운지 필자 자신이 감격하지 않을 수 없는 것이다. 우리 모두가 누구에게 짐이 되지 말고 꽃을 피워 기쁨을 나누어 줄 수 있다면 그보다 더 위대한 것이 어디 또 있겠는가?

손님은 하나 없고
차만 쌩쌩

쌀쌀한 가을밤
바람만 왔다갔다

삶은
하루하루씩 간다

하나님은 계시는지

하늘에서
머리 위로

툭!
노오란 은행 떨어졌다

–「홍제동 노점에서」전문 –

시인은 자신의 삶의 현장에서 느낀 것을 놓치지 않고 자신의 언어로 구성하여 무엇인가 보는 사람들로 하여금 울림이 있고 머리를 끄덕이게 하는 기술이 대단하다. 하루 종일 거리에 있어도 손님은 없고 차들만 씽씽 지나가고 있다고 했다. 가을인데 바람도 이리 불고 저리 불어서 왔다 갔다 하는데 그래도 삶은 하루씩 지나가고 있다고 했다. 그런데 난데없이 "하나님이 계시는지" 하면서 절대자 하나님을 등장시키며 "하늘에서 머리위로" "툭, 노오란 은행 떨어졌다"고 한다. 여기서 시인의 신앙심을 엿보게 된다. 여기에 "하나님이 계시는지"는 부정적 사색이 아니라 긍정적 사색으로 은행이 떨어지는 것도 하나님의 뜻임을 시사하고 있다는 것이다. 다시 말하면 하나님은 살아계심을 나타내고 있는 것이다. 근자에 와서 홍 시인의 신심이 더욱 깊어지고 있다고 생각했는데 그의 시에서 잘 드러내고 있음을 발견하는 것은 자연스러운 일인 것이다.

참새 한 마리
하늘 난다고

대로 차도에서 천방지축 까불다
달려오는 작은 승용차와 박치기
정신 잃고 차도에 떨어졌습니다
많은 차가 지나갔지만
아슬아슬합니다
얼마 후 깨어나
그 자리 어영부영 헤매고
순간 아찔
순간 아찔
그러나 뒷바퀴 크고
두 개씩 달린 육중한 트럭 달려와
순식간 납작 떡
짹 소리도 못하고
영원히 가버렸습니다
그러니까
까불지 말라고 했는데…

–「하늘 난다고 까불지마라」전문 –

참새 한 마리 하늘을 날아오른다고 촐랑대고 까불다가 설쳐대다가 결국 영원히 제 명에 못 살고 죽고 말았다는 것인데 그러니까 세상에 설쳐대고 으스대다 하늘을 날아오른다고 까불다가는 우리의 삶도 그렇게 되고 만다는 것이다. 이 시를 감상하면서 현실에 무엇 좀 한다고 갑질하고 설치며 으스대고 까불어대는 사람들이 떠오르고 있음은 어인 일인가?

매사에 진중하고 진지하게 살아가는 것이 얼마나 귀한 것인지를 일깨워주고 있는 것이다. 그것이 시의 맛이고 시가 주는 인생의 삶의 깨달음인 것이다.

재벌들은 그 많은 쩐
모자라서 모으고,
또 모으지만

노점상인 난,
노후를 위해
진짜 필요하지만
모으지 않는다
쓰기 바쁘다!
없어서 못쓴다

새끼 교육비
이혼한 마누라 용돈

하루하루씩
반주삼아
식당 저녁밥
낙에 산다

갑질 위세에
폼 잡는 재벌보다
나 자신에게 스스로
성공한 삶이라 생각한다

어렵고 힘든…
밑바닥 인생이지만

끝까지 살아가는
민초들의 마음이며
하늘의 뜻인 것이다.

– 「재벌과 노점상」전문 –

아무리 맛있는 음식
무지무지 비싼 음식
귀한 음식 먹어봐야

결과는 똥이다

그런데
사람들은 싸운다
무엇 때문에?

－「욕심」전문－

위의 두 시도 결국 가진 자들의 욕심이 더욱 심한데 그 욕심이 무엇 때문인가?
돈 많은 재벌들이 수십, 수백만원짜리 고급 음식을 먹어도 가난한 사람들이 꿀꿀이를 먹어도 결국엔 배설할 것인데 왜 사람들은 싸우냐는 것이다. 무엇 때문에 아웅다웅거리며 시기하고 질투하고, 갑질하고, 으스대며 뻐기고 얕보고 그러는거냐는 시인의 절규다. 결국 아무것도 아닌 배설물(똥) 때문에 싸우는 것은 얼마나 어리석은 일이냐는 것이다. 세상사, 인간사를 꿰뚫어보고 있는 시인에게는 그것이 오히려 아무것도 아니라고 역설하고 있지 않은가?

제2부에는 "이런 사람 찾습니다" 외 20편인데 그 가운데 몇 편을 감상해보도록 하자.

괴로울땐 만나주고
외로움 올 때

찾아 주는 사람
가슴 허전할 때
따뜻한 커피
전해주는 사람

하소연 하고 싶을 때
들어주고
피해의식 생각지 않는 사람

– 「이런 사람 찾습니다」전문 –

시인이 찾는 사람은 돈 많은 재벌이 아니다. 지식 많은 학자도 아니다. 권력을 휘두르는 판검사나 정치가, 권력자도 아니다. 인기 있는 연예인도 아니다. 아주 평범하지만 믿고 의지할 수 있는 사람이다. 누가 그런 사람인가? 그분은 아무래도 성삼위 하나님이다. 지금 시인이 찾고 있는 사람은 오직 예수 그리스도 한 분이심을 느끼게 한다. 어쩌면 시인은 그를 찾은 것이리라. 그분이 우리 모두를 이해하고 용서하고 찾으면 만나주시는 분이심을 알고 있음을 느끼게 하며 그런 분을 독자 모두가 만나기를 바라는 소망이 간절함을 느끼게 된다.

지폐 돈은 종이다
생명은 그 돈으로 먹는 밥!
그래서 생명은 똥이며
종이로 닦는다

쩐 때문
아등바등 살기 싫다

즐거이 먹고 싶다

–「돈(돌고돈다)」전문 –

간결하면서도 물질(돈)이란 즐겁게 사용하고 먹을 수만 있으면 되는 것이지 그것이 곧 행복인데 사람들은 왜 쩐(돈) 때문에 아등바등하며 살아가느냐면서 그렇게 살고 싶지 않다는 것이며, 그것이 시인은 돈이란 결국 돌고돈다는 것이 삶의 철학인 것이다.

푹푹 찌는 날
덥다 덥다 하지 말고
남의 것 열받게
먹은게 있으면 빼라
그러면 시원한데
열받게 먹고 덥다고 하냐

엄동설한
춥다 추워 하지 말고
사방팔방 뛰어라
뛰다가 못 뛰는 놈 있으면
꼬옥! 감싸주라
그럼 따숩잖아

이것도 안하면서
덥다 덥다
춥다 추워하니
정말 요즘
내가 바보 아닌가

–「요즘 사람」전문 –

시인은 현대인의 불평에 대해서 일침을 가하고 있다. 그러면서 자기 자신도 불평하고 있으니 자기 자신이 바보가 아닌가 스스로 묻고 있다. 사람들은 더우면 덥다고 불평하고 추우면 춥다고 불평을 한다. 비가 안 와도 불평, 너무 많이 와도 불평, 눈이 와서 불평, 안 온다고 불평을 해댄다. 시인은 푹푹 찌는 날 배터지게 먹고서 씩씩거리며 덥다며 불평하지 말고 먹었으면 배설하라는 것이다. 먹었으면 빼라는 것이 그것이다. 그러면 너무나 시원한데 열받게 먹고서 덥다고 하느냐는 것이다. 차제에 부정하게 축적한 재산 있으면 솔직히 고백하고 뱉어내라는 말로 들린다. 그리고 추운 엄동설한에 몸을 움직이고 뛰면 열이 나고 뛰지 못하는 사람 있으면 혼자 땀 흘리지 말고 그 사람을 꼭 감싸주면 그가 추위를 덜 것이라고 한다, 다시 말하면 간단한 것도 하지 않으면서 덥다고 춥다고 야단들이니 사람들이 바보처럼 느껴지는데 시인 자신을 돌아보니 자신이 바보가 아닌가라고 결국 고백하고 있다. 인간은 다른 사람들의 약점에 대해서 비방하지만 알고 보면 자기 자신이 바보라는 것을 증명하는 것이다.

비평은 발전을 위해 필요하지만 비방해서는 안되며 어리석은 것이다. 비평은 대안을 제시하고 방향을 설정할 수 있어야 되겠기에 비평가는 많이 읽고 많이 생각해야 한다.

모든 것에는 비평가가 존재한다. 미술비평, 문학비평, 음악비평, 정치비평, 교육비평, 사회비평, 연주, 영화

비평 등이 그것이다. 비평은 발전을 위해 필요하다. 그래서 그것을 평론가라고 한다. 평론가는 문제점을 발견하고 그에 대한 대안 제시가 따라야 한다. 때로는 문제점이라도 지적하면 대안은 본인이 찾을 수도 있을 것이다.

제3부에서 "신자유시대 삶"외 20편을 상제했는데 그 가운데 살펴보면

야망아 어디 갔냐
돌아와다오
세월따라 흘러갔는가
졸부 세상 싫어 사라졌는가

그래도
이 세상 아직 아름다우니
이 겨울 지나 봄바람이 불어오면
사나이 심장에 돌아와다오

– 「야망」전문 –

여기에서 말하는 야망이란 어떤 것인가?
야망이란 "무리한 욕심을 이루려는 분에 넘치는 큰 희망"이라는 의미와 "남몰래 품고 있는 큰 희망"을 생각할 수 있는데 시인은 전자가 아니라 후자의 야망일 것이다. 영어의 ambition은 일종의 염원이며 이것은 열망하고 갈망한다는 것인데 시인에게는 그의 성격상 욕심이 아니라 어떤 바람이며 희망 같은 것으로 생각된

다. 사람은 누구나 살아있는 한 어떤 바램이 있어야 한다. 그러니까 욕심이나 무리한 분에 넘치는 것은 아니고 선하고 좋은 희망은 필요한데 지금 그것마저 없어지고 사라져버렸는데 그래도 새봄에 바람이 불어오면 시인의 마음속에 다시 희망이 싹 트길 바라는 마음을 엿볼 수가 있다. 그런 의미에서의「야망」이 다시 싹이 나길 바라는 마음이라 믿는다.

식사 즐거웁지요
쇠주 나눔도
다정감 생기지요

똥 오줌
발사 하는 것
매우 시원하지요

글쓰고
책읽는 것도
살려고 하는 일이지요

쩐 많아
욕망 때문
물총 발사!

쩐 없어 망가지면
딴 물건 찾고,
쩐이 장땡이다

–「신자유시대 삶」전문 –

시인은 지금 우리가 살고 있는 현실의 문화가 만나서 밥 먹고 술 마시며 화장실에 가서 배설하면 매우 시원하지요 하면서 인간의 근본적 욕망이 문화로 자리잡은 현대를 바로「신자유시대 삶」으로 나타내고 있다.

최근에 한국 최대의 재벌총수가 성매매했다는 것이 각종 언론에 보도되어 충격을 주었는데 인간이 누구나 가지고 있는 욕망을 절제하지 못하면 인격에 큰 타격을 입게 된다. 그래서 돈이 많아도 자신의 욕망을 컨트롤하지 못하면 망신당할 수밖에 없는 것이다. 최근 우리나라에도 간음죄가 없어지면서 만 13세 이상이 되면 법적으로는 성적 자기 결정권을 인정하여 서로 합의했다면 법적 제재가 없어졌는데 그래서 도덕 윤리문제가 심각해지고 있는데 그렇다고 도덕성이 문제가 없어지는 것은 아니다. 요즘 세태의 타락한 문화의 시대를 시인은「신자유시대 삶」으로 표현하고 있는 것이다. 인간이 다른 동물과 다른 것은 이성과 양심이 있다는 것이며 그것이 성숙한 인간의 모습일진대 요즘 동성애에 대한 문제가 세계적으로 문제시되고 있어 인간이 오히려 짐승도 안 하는 동성애가 확장하는 현실이고 그것을 인권이라는 미명하에 엉뚱하게도 차별금지법으로 포장하여 유엔사무총장이 여러 나라를 다니며 앞장서서 차별금지법 제정을 촉구하고 있는 세상이 되었으니 더구나 그 유엔의 수장이 바로 한국사람이라는 것이 부끄러운 것이다. 구태여 신앙이나 성경적 진리를 말하지 않더라도 정상적인 사람이라면 있을 수도 있어서는 안될

기본 가치마저도 무너지고 있는 현실에 그 잘못된 것에 동조하는 세력이 있다는 사실에 놀라지 않을 수 없다. 그로 인해 파생되는 각종 질병의 확산과 그에 따른 치료비를 국가가 지불하여 국민의 혈세를 축내면서도 오히려 큰소리치는 세상이 "신자유시대 삶"이라면, 그리고 돈이 장땡이라면 이것은 우리와 우리의 후손들을 위해서도 보통의 문제가 아니다. 시인은 그런 것들에 대한 하나의 문화를 역설적으로 표현하고 있다. 다시 말하면 돈이 최고의 가치가 되고 돈만 있으면 못하는 것이 없는 현실에 돈이 곧 리더십의 세상이 되고 말았다는 잘못을 지적하고 있다고 느껴진다.

울 엄마 아버지는
내가 어린 시절에
시인이 되라고
꼬들 주먹밥 싸가지고
뒷동산 올랐다
저곳은 당감화력발전소
저기 흰 두루미!
낙동강 하류…
그때
난생 처음 알았다
만발한 들국화
피어 있다는 것

– 「들국화」 전문 –

홍영철 시인은 「두 번째 시집을 내면서」에서 밝히고

있는 것처럼 "내 고향 낙동강"이라고 했다. 이 시에서 밝히기를 낙동강 하류에 있는 뒷동산에 주먹밥 싸가지고 함께 올랐다고 했다. 그로 미루어보아 시인의 어머니와 아버지는 어린 아들을 데리고 자연을 즐기도록 한 것이다. 그리고 그 지역의 여러 곳을 알려주면서 저기가 낙동강 하류이고 저기에 흰 새는 그것이 두루미라고 알려주시는 자상하신 부모님에 대한 추억을 떠올린다. 어린 마음에 들판에 만발한 들국화를 보면서 정서를 키운 것이다. 그것이 바로 지금의 시인이 된 것임을 생각하고 있다. 그러니 프로복싱 신인왕의 경력도, 이종격투기, 킥복싱을 뒤로하고 거리에서 달고나 뽑기로 꽃을 피우는 시인이 된 것이다. 그러니까 아예 어렸을 때부터 시인이 되기 위한 특별한 경험을 겪도록 훈련받은 것이라는 생각이다. 홍 시인의 시는 어렵지 않으면서도 울림이 크다는 것은 그의 체험 속에서 건져 올린 시편들이기 때문인 것이다. 때로는 언어 선택에 있어서 정제되지 않은 감이 없지 않으나 오히려 직설적인 표현이 더욱 친근감을 느끼게 하면서 그답다는 생각이 든다.

제4부 "촛불" 외 20편에서 살펴보면,

고향의 동네형들
여름방학때
아이스케키하던 소리
정말 좋았다
형들은 어느 하늘아래

살고 있을까?
지금쯤 생각하겠지
그 옛날 국민학생
아이스케키통을…

–「아이스케키」전문 –

이 시를 읽으면 필자 자신도 어릴 적 추억이 떠올라 고향 하늘을 바라보게 된다. 이것은 시인만 가진 추억이 아니라 우리 모두의 잊지 못할 추억임에 틀림없다. 요즘같이 더운 날이면 옛날 "아이스케키" 소리가 들려오면 좋겠다, 그 소리만 들어도 한결 더위가 식혀질 것만 같다. 시인은 고향의 동네 형들이 문득 생각나고, 어떤 형들은 아이스케키 통을 어깨에 메고 "아이스케키"를 외치며 장사하기도 했을 것이고, 어떤 형들은 그것을 사서 시원하게 빨아 먹으며 즐거웠던 일들이 생각난 것 같다. 아니 시인 자신이 어렸지만 지금껏 잊지 못하기에 그 초등학교 시절을 생각하면 잊지 못하는 "아이스케키"소리가 들리는 것만 같다. 자신에게 아이스케키를 사서 주던 형들은 지금 어느 하늘 아래 살고 있기나 한지. 궁금하기도 하고 그립기도 해서 쓴 시라고 생각이 된다. 간결하면서도 난해하지 않게 쉽게 표현했으면서도 모든 사람이 옛날 어릴 적 추억을 떠올리기에 충분한 시라서 정겹기까지 하다.

어둠속에 빛이여
소생의 꿈과 같이하소서

절대, 영원하게 유일하신 빛이시여
세상 속에 소금되게 하소서
촛불이여
주님의 뜻이시여
거룩한 빛으로
소생의 마음과
하나되게 하소서

–「촛불」전문 –

촛불을 켜놓고 그 앞에서 기도하는 모습을 상상케한다. 짧으면서도 어두움에 빛이 되고 세상 속에서 소금이 되었으면 하는 생각에서 드리는 기도시다. 주님은 거룩한 빛이신데 자신도 그렇게 살고 싶은데 그러려면 주님의 마음과 하나가 될 때 가능하기에 주님과 하나되게 해 달라는 신심을 잘 나타내고 있는 것이다.

혼란되고 어두운 세상에서 크리스천만이라도 자신을 희생시켜 주변을 밝게 하는 촛불이 된다면 그만큼 세상은 밝아질 것이다. 시인의 마음의 중심을 보는 것 같아서 더욱 감사할 뿐이다.

시詩상이 떠오르지
않을때는
겐조 호프집에 간다
거기엔
종이 백만불짜리보다
살아 있는 사장님
미소가 있다
신의 마지막 작품

국화꽃이라 했던가?
노오란 국화꽃보단
여성의 미소가
최후의 작품이었습니다

–「겐조 호프집」전문 –

아마도 시인은 시 창작을 위하여 무던히도 애를 쓰는 것 같다. 그러나 시상이란 쉽게 떠오르지 않아서 가끔 호프집 사장이 있는 곳으로 가고 있는 것으로 생각된다. 그 사장의 미소가 백만불보다도 귀하고 하나님께서 선물로 주신 국화꽃의 은은하고 아름다운 향기가 있는데 그 노오란 국화꽃보다도 여인의 미소가 더욱 좋아서 그 미소를 보고 느끼고 있으면 시상이 떠오른 경험이 있어서 술을 마시러 가는 것이 아니라 미소를 마시고 싶어서 시를 쓰고 싶어서 가는 것으로 생각된다. 신의 작품 가운데 여성의 몸이 가장 아름답다는 말을 들은 적이 있는데 홍 시인은 그 여인의 미소가 가장 아름답게 느껴져서 그 최후의 신의 작품을 보기 위해서 시상이 떠오르지 않을 때는 그곳으로 달려가는 습관이 있는 모양인데 어쩌면 현실이 아니라 시인의 상상 속에서 느끼는 것일 수도 있을 것이다. 한번 본인에게 물어보아야겠다.

파란 볼펜 잃어버리고
빨간 볼펜으로 시詩를 씁니다
잃어버린 파란 볼펜처럼

떠나간 정들은 사람들 생각납니다
떠나갈 때 절망속에서
원망 많이 했지만
지금은 그립습니다
생명 없는 물건조차
이리 아쉬운데
한때는 소중했던 사람들
용서하고 싶지만
님은 떠나고 없습니다

– 「파란 볼펜 잃고」전문 –

인간의 습관이란 무서울 정도로 정이 드나보다. 시인은 아마도 파란색깔이 나오는 볼펜으로 시를 쓰는 것이 습관처럼 되었는데 그 파란 볼펜이 어디론가 없어지고 마침 빨간색 볼펜이 있어서 그것으로 시를 쓰고 있었나 보다. 볼펜은 다 같은 볼펜인데 어딘가 모르게 어색하고 마음에 들지 않아서 파란볼펜 생각에 무척 아쉽고 서운했던 것 같다. 없어진 파란 볼펜을 원망 많이 했지만 원망심이 많고 깊을수록 더욱 그리워진다고 했다. 볼펜이란 하나의 필기도구도 없으니 아쉬운데 한때는 소중했던 사람들이 매정하게 떠나서 원망도 많이 했는데 지금은 그립고 용서하고도 싶은데 그 용서할 사람조차 떠나고 없으니 더욱 그립다는 것이다.

파란 볼펜에서 빨간 볼펜으로 대신했건만 갑자기 자신의 곁을 떠나간 님이 그리워진다고 했다. 잘잘못을 따지지 않고 용서하고 싶은데 떠나고 없으니 용서할 대상이 없으니 더욱 그리워서 잊지 못할 정이 무서우리

만치 그리워하는 마음을 읽을 수가 있는 것이다. 시인의 마음은 독하지 못하고 한없이 어리고, 순수하고 그 여리고 순수함이 아름답기까지한 것이다. 그게 시인의 심성이고 그리움인 것이리라.

격투기관장
제자에게 하는 말
"하와를 믿지마라"
"엄마 외는 믿지마라"
했더니,
제자가 하는 말
"저는 엄마도 안믿어요"
"엄마가 저를 버리고 갔어요" 하더라
그래서 관장님
할 말이 없어졌다
하지만,
이런 사람들에겐
엄마를 찾아줘야 한다

－「인생 고수」전문 －

세상에 누구를 믿어야 할지, 각박하기만 한 것이 사실이다. 요즘은 엄마도 믿지 못하고, 자식도 믿지 못하는 세상이라는 것을 가끔 뉴스를 통하여 보게 된다. 할 말을 잊어버린 세상이지만 그래도 시인은 그 버리고 떠난 엄마를 찾아주어야 한다고 했다. 시인의 마음이다. 그래서 시인의 마음은 그토록 순수하고 아름답다. 홍 시인은 잘 듣지를 못하는 청각 장애가 있다고 이미 밝힌 바 있다. 그래서 문자로 소통하지만 지금은 그의 진실함과 진지함이 그의 모습만 보아도 알 것 같다. 사회 현실을 쉬우면서 짧게 비유적으로 표현하는 시인의 글솜씨가 하루아침에 이루어진 것이 아니라 어렸을 때 고향 뒷산에서부터 수십 년이 걸리고 수많은 경험과 체험 속에서 닦아진 것임을 알 수 있다.

죽어서 한 푼도
못 가져가는 쩐

앉아서 쩐 달라는
부처와

십자가 서서 쩐 없다는
예수보다

신자유시대
위력 있는 쩐!

그러나
진시황의 영화 부귀도
태양 아래 허무하다 했다

그래서
밤하늘…
말 없이 보는 것입니다

생로병사 가는 길
똥 누고,
흙이 된다

나 이제
저 광야에 가리라!

– 「내 가슴에 있는 영혼을 위해…」전문 –

인생의 삶의 이치, 삶의 궤적을 이처럼 알기 쉽게 표현한 시인의 풍자, 유머가 어울려 하나의 시로 탄생시키고 있다. 부처가 한쪽 손가락으로 ○를 표시하고 한쪽 손바닥은 펼쳐내민 것을 보고 시인의 눈에는 돈을 달라는 모습으로 비친 것이리라. 풍자이고 유머이면서도 거기에 현실적인 메시지가 있다. 또한 예수님은 사단의 시험을 받으실 때 "사람이 떡으로만 살 것이 아니라"(막4:4)고 하심으로 현실을 초월하신 말씀을 하셨는데, 시인은 신자유시대의 위력은 역시 돈(쩐)이 힘을 쓰고 있지만 그 돈과 권력, 명예도 다 허무한 것이고 그래서 밤하늘만을 말없이 바라본다면서 한 가지 깨달은 것은 인생이나 생명체가 있는 모든 동물은 생로병사의 과정을 겪으며 배설하고 죽어서 흙이 되고 만다는 사실을 깨닫고는 결국은 광야와 같은 삶을 살겠다고 다짐한다.

광야의 특징은 물이 없고 빈들이며 고달프고 힘이 들지만 그 광야길을 가면서도 시인으로서의 삶을 살겠다는 의지를 스스로 다짐하고 있음을 보게 된다.

Ⅲ. 나오면서

홍영철 시인의 두 번째 시집 "거리에 꽃 피어라"를 읽으며 한 시인의 굴곡진 인생의 삶을 건강하게 헤쳐나가면서 환경에 얽매이지 않고 그 환경을 극복하며 씩씩하게 그리고 보람되고 가치 있게 살아가는 모습을 보게 되었다.

홍 시인의 삶의 여정은 드라마이며 몇 편의 영화의 소재도 될 것이 확실하다. 지금까지 여러 어려운 고비를 넘나들면서 돈(쩐)에 대한 사무치리만치 필요한 것을 체득했지만 이제는 그것 또한 초월하여 잘사나 못사나 잘 먹든지 못 먹든지 결국은 배설하고 만다는 사실을 깨달으며 배설하지 못하면 죽는데 들어가는 것보다 나오는 것, 빼내는 것이 건강한 삶임을 역설하고 있음을 보게 된다. 배설할 때 변이 황금색이면 건강하고 검으면 죽음이라는 사실 앞에 잘 먹고, 잘 싸고, 잘 자는 것이 건강에 비결이듯이 잘 읽고, 잘 쓰고 잘 만드는 것이 건강한 시인임을 그의 작품을 통해 보여주고 있는 것이다.

현실의 삶이 너무나 고되고 힘들었으면 스스로 세상을 떠날 생각도 수없이 했었지만 자신이 써놓은 시를 보면서 시집이라도 이 세상에 내놓고 싶다는 열망 때문에 떠나지 않았다는 그의 고백은 너무나 울림이 컸었다. 시는 곧 생명이라는 변함없는 그의 시 사랑의 마음은 누구도 추적할 수 없을 것이다.

요컨대 시를 생명보다 귀하여 여기는 사람이 진정한 시인이라 믿는다. 한 시인이나 작가가 절차를 통해서 등단했으면 작가이고 시인이다. 문제는 독자가 얼마나 공감해서 많이 찾는 베스트셀러 작가이고 시인인가는 당대에 평가할 수 있는 것은 아니라 생각한다. 긴-시간을 통해서 후세에 인정받아 빛을 발하는 사람들도 많았기 때문이다. 모든 작가나 시인은 나름대로 꽃이고 향기이며 열매라고 믿는다. 꽃과 향기, 열매는 더 귀하고 덜 귀한 것이 아니다. 사람에 따라 다르기 때문에 자신의 눈높이에 따라 즐겁게 읽고 웃기도 하고 울기도 하고 때로는 깊은 생각에 잠겨 볼 수만 있으면 된다. 필자는 「거리에 꽃 피어라」를 읽으며 때로는 언어선택에 있어서 정제되지 않은 단어들도 눈에 띄었지만 그 나름대로 솔직한 시인의 감성이고 정서라고 이해하고 나니 더욱 흥미 있게 감상할 수가 있었다. 이제 머지않아서 제3집을 출간하고자 하는 의지를 가지고 수십 편의 시를 썼다고 하니 놀라지 않을 수가 없었다. 시인의 시집은 그의 삶이며 그의 사상이고, 그의 철학이 녹아진 것이다.

홍영철 시인은 이미 거리에서 아름다운 꽃을 피우고 있다. 이제 우리 모두는 각자가 처한 자리에서 어떤 꽃이건 꽃은 피워야 하지 않겠는가? 산에서도, 호숫가에서도 강가에서도, 바닷가에서도 교실에서도 그리고 정치현장에서도 공원에서도 경제현장에서도 노동현장에서도 나름대로 꽃을 피워야 하지 않겠는가! 먼저 꽃이

피어나야 자연스럽게 열매 또한 맺게 될 것이다.

홍 시인의 다음 시집을 기대하며 아름다운 시를 통한 문학의 꽃이 피고 아름다운 향기를 풍기며 실한 열매가 풍성하게 맺혀지길 바라는 마음 간절하다.

하나로 선
–사상과 문학 시인선 • 9–

거리에 꽃 피어라!

초판1쇄발행 2016년 8월 8일

지 은 이 홍영철
펴 낸 이 박영률
펴 낸 곳 하나로 선 사상과 문학사
인쇄기획 엔크

출판등록 제2012–000301호
주 소 서울시 마포구 신수동 창전로2길 27호
전 화 02) 326–3627
팩 스 02) 717–4536

메일주소 holyhill091@hanmail.net

I S B N 978–89–969513–7–7 03800
정 가 9,000원

*인지는 저자와 합의하에 생략하며 잘못된 책(파본)은 교환해 드립니다.

이 도서의 국립중앙도서관 출판예정도서목록(CIP)은 서지정보유통지원시스템 홈페이지(http://seoji.nl.go.kr)와 국가자료공동목록시스템(http://www.nl.go.kr/kolisnet)에서 이용하실 수 있습니다. (CIP제어번호 : CIP2016018702)